REVISTA DE PASSATEMPO

9786555004090

CASTELO EDITORA
ATIVAMENTE

Esta edição é uma produção da Castelo Editora com a co-produção da Ativamente.

Castelo Editora é uma marca fantasia da RM Editora e Distribuidora Ltda.
Rua Prof Marcondes Domingues, 320
Parada Inglesa
São Paulo SP - Cep 02245-010
(11) 2548-2314
www.editoracastelo.com.br

Ativamente é selo exclusivo da Ciranda Cultural Editora e Distribuidora Ltda.

© 2020 Ciranda Cultural Editora e Distribuidora Ltda.
Produção: Castelo Editora

1ª Edição
www.cirandacultural.com.br
Todos os direitos reservados.
Nenhuma parte desta publicação pode ser reproduzida, arquivada em sistema de busca ou transmitida por qualquer meio, seja ele eletrônico, fotocópia, gravação ou outros, sem prévia autorização do detentor dos direitos, e não pode circular encadernada ou encapada de maneira distinta daquela em que foi publicada, e sem que as mesmas condições sejam impostas aos compradores subsequentes.

EDITORIAL

Com imensa alegria comemoramos cada nova edição lançada. Graças a você, a Castelo Editora tem sido um sucesso. Foram as inúmeras críticas, elogios e sugestões enviadas que fizeram uma revista melhor.
A revista de passatempo Laser reúne toda diversão que você merece.
São jogos de qualidade, dos tradicionais aos inéditos, que são desenvolvidos pela equipe Castelo Editora.
Cada página foi cuidadosamente construída para que você tenha prazer ao folhear.
Acreditamos que cultura e lazer devem andar juntos, portanto o objetivo primordial da equipe foi agregar conteúdo de uma maneira leve e descontraída. Mas, todo esforço só será válido se atingirmos a sua expectativa.
Agradecemos pela confiança de entregar um pedacinho do seu lazer em nossas mãos.

Criação e Elaboração
Studio Molotov

Dúvidas, Reclamações e Sugestões
molotovjogos@gmail.com

SUDOKU

4

O objetivo do jogo é completar os quadrados em branco com números de 1 a 9, lembrando que nunca deve-se repetir os números nas linhas e colunas.
A mesma regra vale para as grades menores que precisam ser completadas, sem repetição.

8					7	1		
	5		3		4		9	6
				7				5
	6		4			2		
		8		3		1		
	9				1		7	
6				5				
4	8		1		2		3	
	3	1					7	

8			6	2			9	
							8	
			8			7		
6		4	7		5			
9								
			1			2	4	
		9			6			
2	5							
	4			5	7			

Dir*e*tas

Grupo, em inglês ▼		Centro de treinamento de futebol profissional (sigla)	Exame médico completo (inglês) ▼		Amputar, mutilar ▼		Radiano (abrev.)
Escala de quantificação a magnitude sísmica de terremotos ▶			▼				▼
Noz, em inglês		Cada uma das três partes iguais de um todo ▶					
▶			▼	Arrancou, puxou	Romance do escritor brasileiro José de Alencar		
				Coisa, em espanhol			
Veículo de carga, leve, semelhante a uma caminhonete ▶			▼		▼		Estrada, em inglês
Fruto também conhecido como "caqui"	Furtar ◀▶						▼
	Dementes, doidos						
▶	▼						
Despida, não vestida ▶				A décima oitava letra do alfabeto ▶	Que se refere à íris		
Cantor do sucesso musical "Pai"		Tipo de chapéu usado por adolescentes	Vogais de fita	Dia, escrito ao contrário ▶		▼	
▶		▼	▼				Discurso laudativo, apologia
Hora do ofício divino ▶				Afligir, em inglês ▶			▼
Filho, em inglês							
▶			Primeiro sumo-sacerdote de Israel (Bíbl.) ▶				
Conjunto dos acampamentos destinados a escravos ▶							

Diretas

Feiticeiros		(?) Cavalcanti, pintor brasileiro	Doença (?), doença infecciosa como a Sífilis		Chama a atenção, acautela		Ordem do Advogado do Brasil (sigla)
Composto orgânico derivado dos álcoois primários por oxidação (Quím.)		Introduz novidades					
Ruído ritmado		A capital da Espanha					
			Deserto na região sul da Mongólia		Relativo aos antepassados		
Abençoar, santificar							Leste, em inglês
Diz-se da planta que tem as características da erva	Pessoa enferma						
	Ir além de, ultrapassar						
12, em algarismos romanos				Rede de televisão aberta brasileira		Muito devota	
Aquele que dirige uma orquestra		Unidade fundamental da hereditariedade (Biol.)	(?) Salvador, pequeno país da América Central	Símbolo do Nitrogênio (Quím.)			
							Sofrimento físico
Delegado (abrev.)				Radiano (abrev.)			
				Despido			
			Congênito, inerente				
Dez, em inglês							
Conforme às regras							

Diretas

Levantar-se bem cedo	(?) Kardec, codificador do Espiritismo	Grupo étnico da região do deserto do Saara			(?) Thatcher, política britânica		Via pública
		(?) Schneider, ator no filme "Gigolô por acidente"					
A fêmea do leão					Aguilhão, ferrão		
Litro (símbolo)		Calção curto e largo (ant.)					
Vogais de calo		(?) Magrini, ator					
Que não é seguro			Seca sem a letra "S"				Apolo na mitologia grega
			Errada, falsa				
Mulher contratada para serviços domésticos	Tapete que reveste inteiramente um cômodo			Tipo de emissor de luz			
				Bico, ponta aguda			
Pequena corrente de água, não permanente							
						Cura, sara	
Conversei, disse		52, em algarismos romanos			Dígrafo na palavra "assunto"		
					Letras centrais da palavra "tora"		
Clérigo cuja função é inferior à do padre							
Gemido triste e doloroso			Verbal, vocal				

NUMERIX

Preencha o diagrama com os números da lista abaixo.

2 Dígitos	3 Dígitos	5 Dígitos			6 Dígitos
17	509	13687	55595	81768	103459
19	993	15946	55678	85092	433969
21		17675	55912	85400	
25		18993	56020	86005	10 Dígitos
31		26447	61959	91172	8407767599
50		29577	65719	93910	9630935260
59		30955	66978	95900	
77		34897	67963	96632	
		53035	71294	97109	
		53975	73101		
			78905		

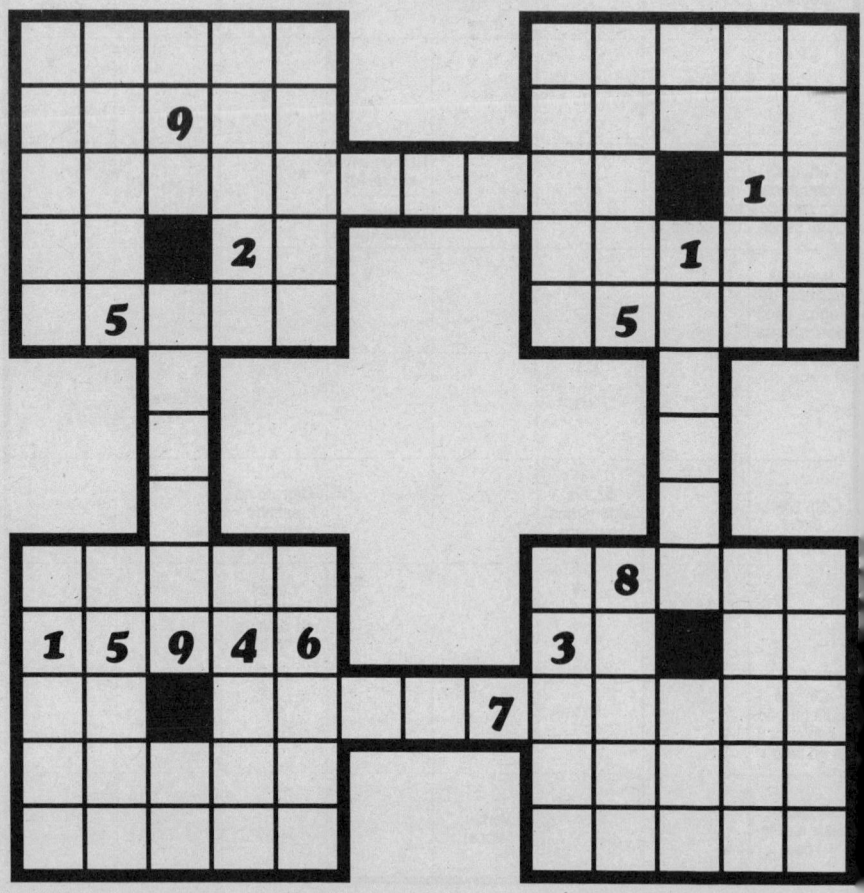

Diretas

Seminário, em inglês		Notícia que passa por certa / Que existem	Antiga polícia secreta do governo soviético (sigla)	Aquele que dá as boas-vindas, saúda	Grupo vocal, canto em coro		Formatura e desfile de tropas (pl.)
Não admite a existência, contesta					Glutinoso, pegajoso		
Espancar, bater (Bras.)							
Blaise (?), físico e matemático francês			De + ela / Caloria (abrev.)				
					Elegante, garboso		
Bebida preparada com vinho e frutas picadas	Arma branca, curta, de dois gumes / Desprendem cheiro						
Município gaúcho às margens do Canal São Gonçalo							
			Antiga dança da Irlanda, popular no Brasil no século XIX			Irmãs da mãe	
Caixa, em inglês / Embarcação de guerra				Natação (abrev.)			
Gengis (?), conquistador e imperador mongol			(?) Collette, atriz no filme "Pequena Miss Sunshine"				
				Laço apertado / Santa (abrev.)			
Grande sucesso musical de Roberto Carlos							

SUDOKU

**O objetivo do jogo é completar os quadrados em branco com números de 1 a 9, lembrando que nunca deve-se repetir os números nas linhas e colunas.
A mesma regra vale para as grades menores que precisam ser completadas, sem repetição.**

	1	4				8	3	
2	6			9			5	1
5								7
			9		8			
	3			7		1		
			3		4			
3								5
8	7			5			2	9
	5	1				6	7	

		9		3		8		
	4						1	
	7		1		5		3	
		7		6		5		
			2		8			
		1		5		7		
	8		4		9		2	
	9						7	
		4		2		6		

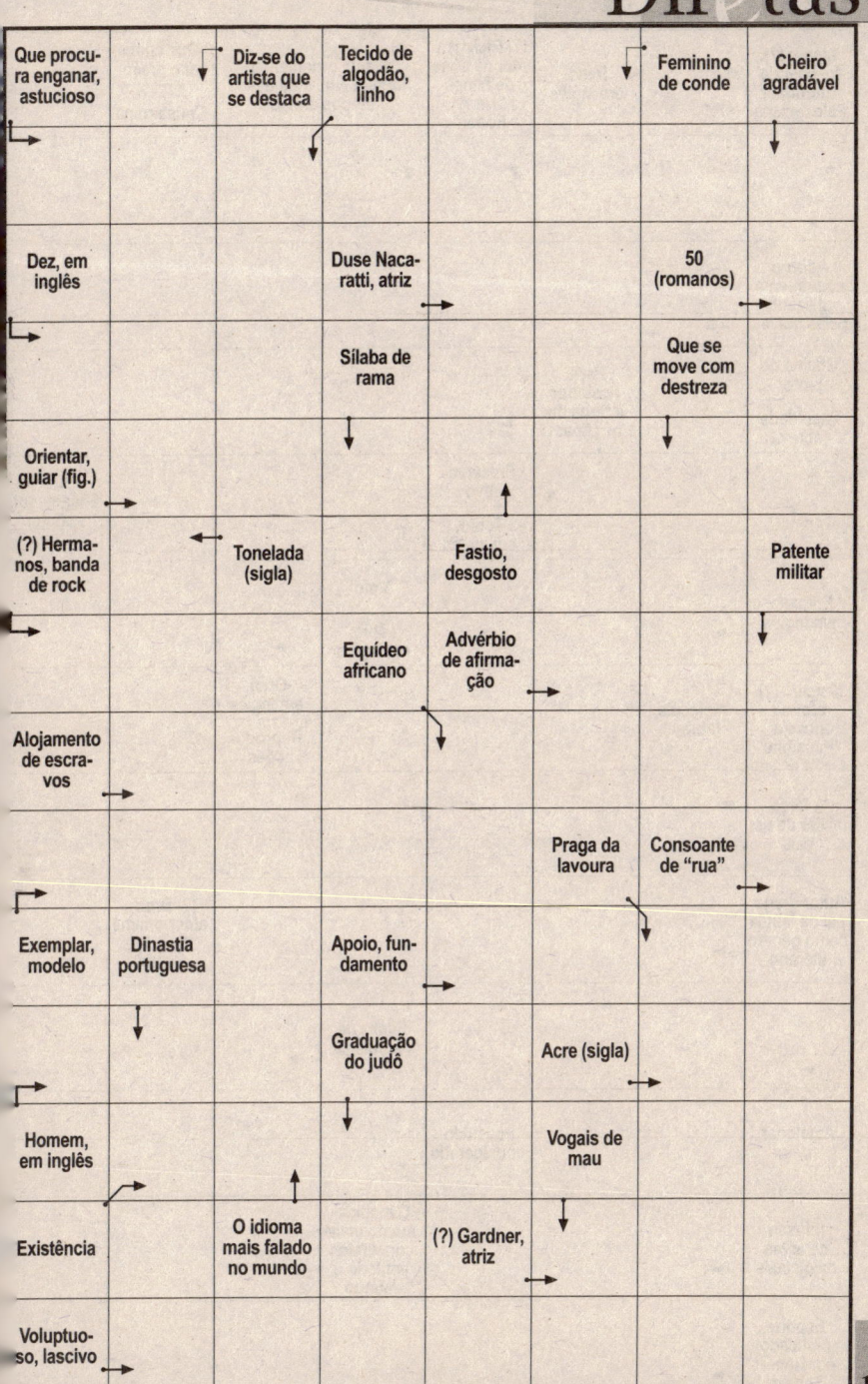

Diretas

- Yasser (?), foi líder da Autoridade Palestiniana
- Rede, em inglês
- (?) Rickman, ator na série de filmes "Harry Potter"
- Planta ornamental florífera cultivada desde tempos antigos
- Que custa alto preço
- Causa ruína
- Adorno comumente utilizado pelas noivas
- Oficina de pintor
- Faculdade (abrev.)
- Parte posterior interna do pé (Anat.)
- Preservativo
- Tonto, em inglês
- Encantador, sedutor
- Etiqueta, em inglês
- Mofo
- Lábio, em inglês
- Marcelo (?), ator na novela "Passione"
- Molécula (abrev.)
- Orca, em inglês
- Reproduções
- A força militar de um país
- Autor grego, pai da fábula como gênero literário
- (?) Brody, ator no filme "Mr. & Mrs. Smith"
- Sílaba de pamplegia
- Adicionar, somar
- Possuído, considerado
- Infusão de ervas medicinais
- O medicamento mais consumido em todo o mundo
- Esporte praticado por Robert Scheidt

Diretas

Crossword clues:

- Completou 1000 gols em 2007
- Loja que vende medicamentos
- Interpretou o Osmar Pasquim na novela Cobras e Lagartos
- Relativo à boca
- Mínimo múltiplo comum (símb.)
- Segmento de uma curva
- Região com água no deserto
- Conjunto de cantores em igrejas
- Unidade de venda de tecidos (pl.)
- Tubo
- O fruto da nogueira (PL.)
- Cativeiro urbano de animais
- Cláudia Leitte, cantora
- Moeda que substituiu o franco
- Vogal ausente em reputação
- Cobre (quím.)
- Cidade do litoral norte gaúcho
- A verde simboliza a esperança
- Rio Grande do Norte (sigla)
- Corte com os dentes
- Suprimi
- Branquear, pela exposição ao sol
- Passa por filtro
- Companhia Siderúrgica Nacional (sigla)
- Forma comum de venda de chocolate na Páscoa
- Sílaba de "broto"
- Volume (abrev.)
- Cartão que precedeu o CPF (sigla)
- Grupo de abelhas
- Consoantes de "moto"
- Um, em inglês
- Vogais de "casa"
- Área de atuação dos parlamentares

13

Diretas

Bodega, botequim	↓	(?) Thompson, atriz americana	Padrão, em inglês	Profissão, em francês	Onde as abelhas depositam o mel	↓	Alinhado, ajustado
		↓		↓	↓		↓
→							
Amuletos							
	→						
Ave que canta as sílabas do seu nome			Nota, escrito ao contrário →				
Prender com cadeia, ligar		Relativo a crânio (fem.)	Sílaba de nivelar →			Linhas aéreas, em inglês	
			Governanta, criada				
→		↓	↓			↓	
Móvel com prateleiras e gavetas →							
	Importante riacho da Suíça →				Alvoroço, tumulto		
Taxa de financiamento no mercado interbancário							
	↓		De + ali →		↓		
			Estrela, em inglês				
→ Consoantes de cisne			↓		Bastonete para escrever no quadro-negro →		
Aqui está →							
Fossa, privada →							
Sorte, destino							
→					(?) Danson, ator de "Três solteirões e um bebê" →		
Laura (?), atriz de "Caminho das Índias" →							

Diretas

Sem acento tônico (Gram.)	Rezo, faço prece		Mau cheiro		Composto gasoso usado para produzir frio artificial		Auxiliados, socorridos
							Vazio, sem miolo
Molusco de concha forte e grossa					Testemunha (?): a que depõe do fato que presenciou ou viu		
Parte do tronco que fica ligada à terra, depois de cortada a árvore		Pólo positivo de bateria					
		Espumar, expelir baba					
Bom estado do organismo, que é sadio			Sufixo de pelica				Clint (?), ator americano
			Não revelado, confidencial				
Asno, em inglês	Praticar o jejum		Apologia				
			Duende, em inglês				
Pavor, pânico							
							(?)-gigante, brinquedo em parque de diversões
Medo provocado por um perigo imprevisto		Emissora de TV do empresário Silvio Santos			Reese Witherspoon, atriz americana		
					Vogais de rolo		
					02, em romanos		
Anulado, revogado							
Consoantes de reta			Data em que uma operação de combate deve ser iniciada				

15

NUMERIX

Preencha o diagrama com os números da lista abaixo.

5 Dígitos	
17771	59466
24019	62764
40041	65790
45382	72797
51507	75461
52420	80169
56196	81941
57661	88751
	89252
	92599

6 Dígitos
193116
231611
406473
514679
577019
666578

7 Dígitos
1651513
7401614
8237306

8 Dígitos
23443815
36700882

11 Dígitos
50054716402

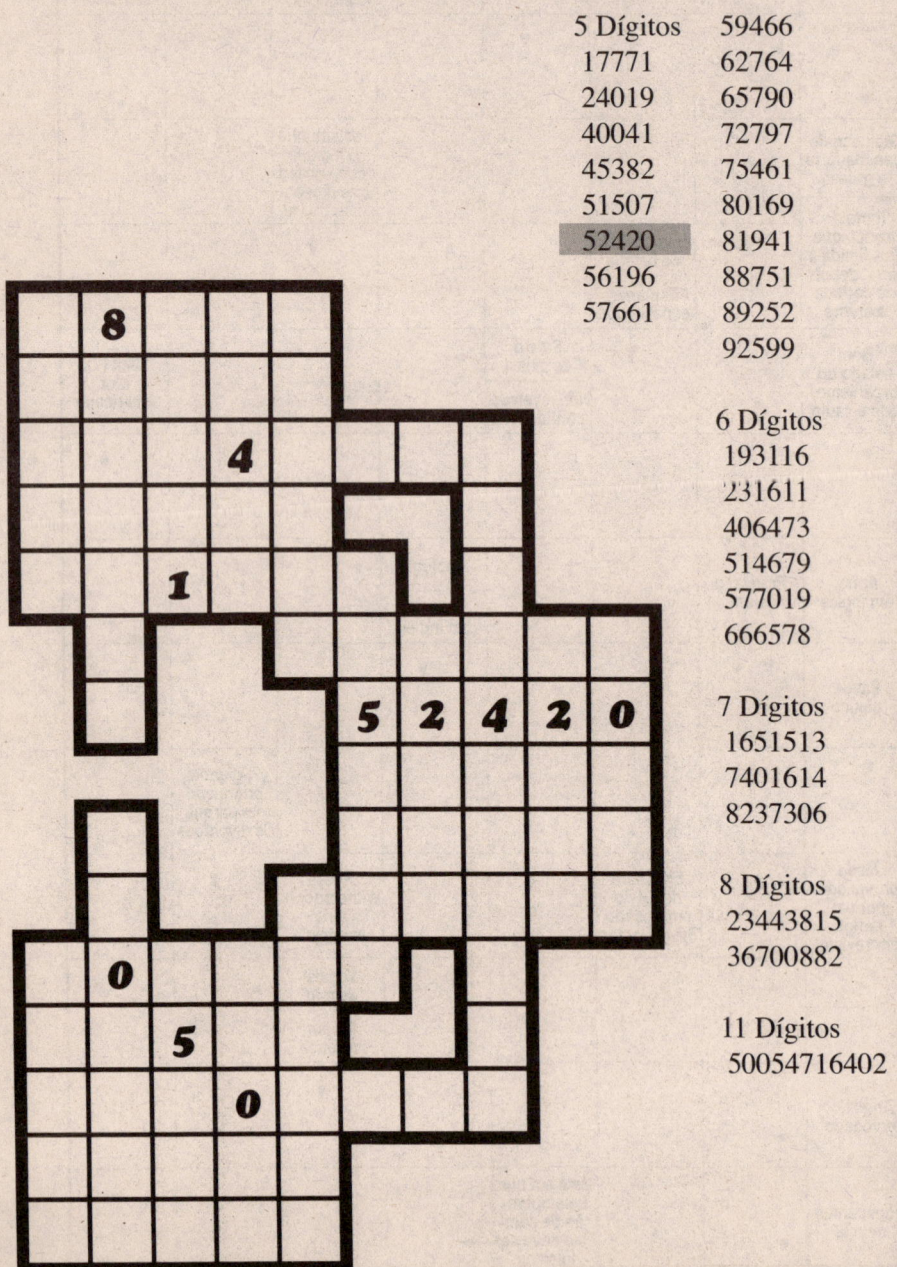

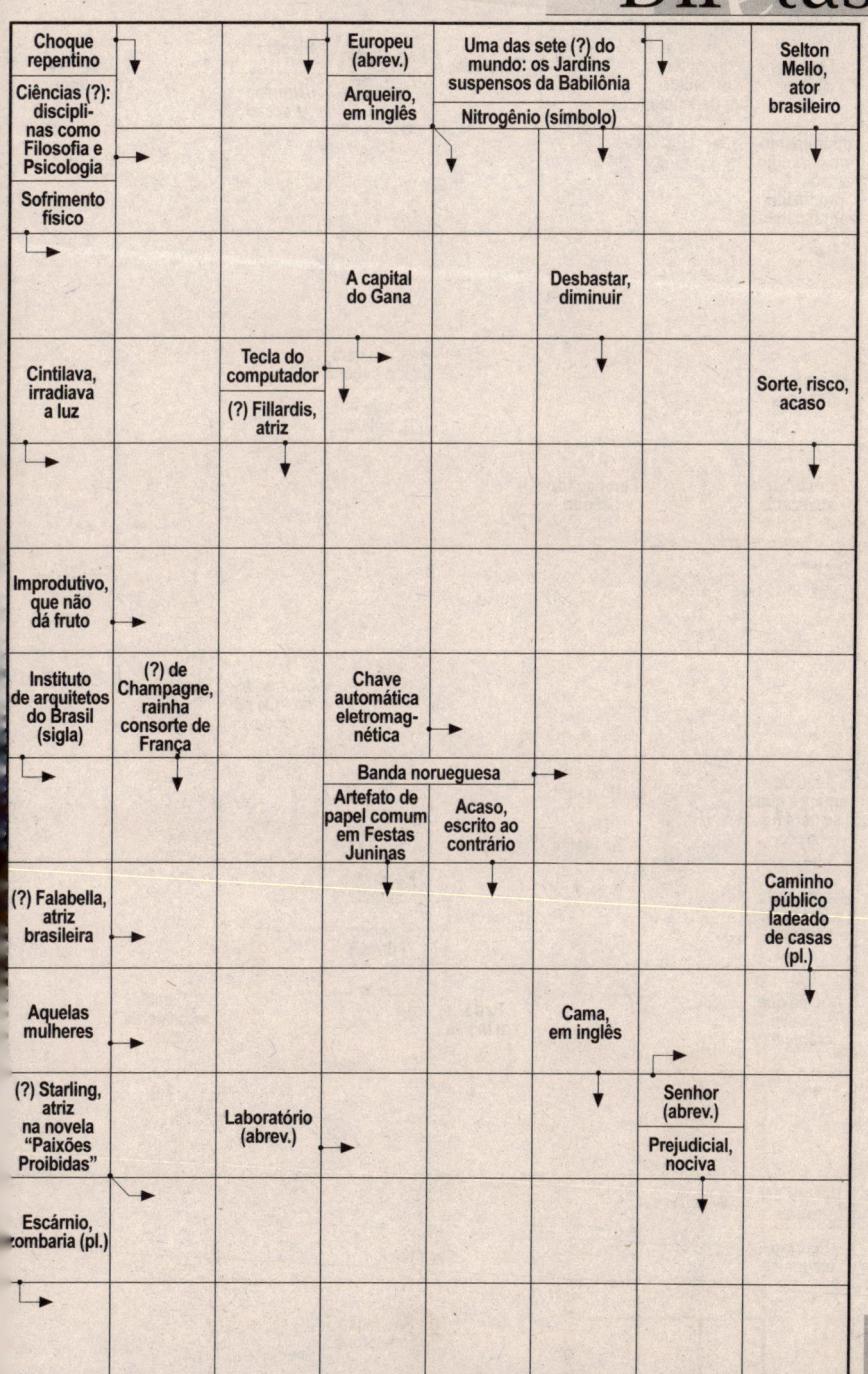

Diretas

Expelir, soprar	Aquele a quem foi concedido um benefício	↓	O fruto da jaqueira	Estudo dos fonemas (Gram.)	Elegância	↓	Cilindro comprido
					Norma, preceito		
Instrumento musical cujo som é produzido por raspagem							
Sílaba de finanças				Produto para fixar o cabelo			
				George W. (?), político			
Consumar, realizar	Embriagado, bêbedo						
							Animal como o pardal
					Contraditória, que se opõe		
Líquido amargo que se gera no fígado	Chocalho do gado						
	Cruz, em inglês						
Nome dado à fêmea do sauveiro				Patas dos animais			
				Mínimo (abrev.)			
Aquele que escreve crônicas			Rede, em inglês			(?) qual: exatamente igual	
Desobrigar, eximir							
Perdido, em inglês							
				Saudação ao telefone			

Diretas

Horizontais (pistas do quebra-cabeça)

- Prateado, em inglês
- Manifestação sonora do riso (pl.)
- Chá, em inglês
- Cheiro desagradável, bodum
- Que dura muitos anos
- Velocidade, em inglês
- Remo sem a letra "M"
- Edson Cordeiro, contratenor brasileiro
- Laços apertados
- Representado por letras

Verticais

- Sandra de (?), cantora brasileira
- Grande serpente perigosa
- Fertilizado, preparado (o solo)
- Rio suíço, afluente do rio Reno
- Christian (?), ator no filme "Entrevista com o Vampiro"
- Banda norueguesa do sucesso "Crying in the rain"
- Que dura um ano
- Destape, despregue
- Tonelada (símbolo)
- Saco de couro, destinado ao transporte de líquidos
- Cantor ou poeta épico da antiga Grécia
- Espaço de 12 meses
- Humphrey (?), foi ator no filme "Casablanca"
- (?) Lama, líder religioso do budismo tibetano
- Erudito, prudente
- Cubos usados em jogo
- Som repetido (pl.)
- Nome da letra muda
- Bala, escrito ao contrário
- (?) Toledo, piadista brasileiro

Diretas

Ferrão com que picam a abelha e outros insetos		Personagem Don Gongonzola no humorístico "Zorra Total"	Luta sem a letra "L"	"Rei (?)", peça de William Shakespeare	Indivíduo gastador, esbanjador (pop.)		Coreografia realizada por torcedores (pl.)
Giselle (?), atriz da novela "Bela, a Feia"					Quadrado de pano para assoar o nariz		
Fonte da energia psíquica, libido (Psican.)			Primeira letra do alfabeto grego				
		Companhia aérea brasileira inoperante	Homens acusados de um crime				
Os ovos de um peixe				Magnetizar, imanar			Aquele que sofre de hanseníase
Que prega o radicalismo							
Ouvir, em espanhol							
			Modo, em inglês				
			Ressentimento invejoso				
Fonte, nascente					Poeta épico da antiga Grécia		
Filha do deus Asopo, raptada por Zeus (Mit. grega)						Chefe etíope	
Revestidas de cromo		Órgão onde se gera o feto dos mamíferos (Anat.)					
Custoso, dispendioso							

SUDOKU

21

O objetivo do jogo é completar os quadrados em branco com números de 1 a 9, lembrando que nunca deve-se repetir os números nas linhas e colunas.
A mesma regra vale para as grades menores que precisam ser completadas, sem repetição.

	9						3	7
2			4	6				5
	5	7		8				4
	6					7		
		9		5		6		
			1				3	
5				2		9	6	
8					4	2		3
	1	2					4	

4		6	5			3		
								2
9			6		1	4		
5		2		9		6		
			7		2			
		7		6		5		1
		1	8		4			5
8								
	7				6	3		8

Diretas

Clue	Answer hint
Anular, revogar	
Interpretação mística da Bíblia entre os Judeus	
Diminuir de valor	
Falecimento	
Caio (?), ator	
Que se foi, que passou	
Assento para o rei	
Resguardo de pano que se põe sobre o peito do bebê	
Percorrer em volta, girar	
Voz de homem entre o tenor e o baixo	
Latitude (abrev.)	
Passar a (?) em claro: ficar sem dormir	
Escondido, que buscou refúgio	
Pequeno país europeu com status de paraíso fiscal	
Mulher muito bonita (gír.)	
Lugar em que se realizam corridas de cavalos	
Tornar oco	
Cinco mais quatro	
Vale profundo com paredes em forma de penhascos	
(?) plásticas: escultura e pintura	
Artéria responsável por levar sangue à cabeça (Anat.)	
Condutor, portador	
Religião (abrev.)	
Arte, em inglês	
A cor da argila	
Saco de couro, destinado ao transporte de líquidos	
Ele, em inglês	
Sua capital é Maceió	

Diretas

Clue	Content
Nave, em francês	→
Relativa à guerra	↓
Substância usada na conservação de cadáveres	→
Filho ilegítimo	↓
Figura que representa o traje da moda	
Marcha em protesto	↓
Caldo quente	→
Restitui a saúde	↓
Riscas em um tecido	→
Antigo carro romano	→
Movimento dos trabalhadores rurais sem terra (sigla)	→
Zelosa, indiscreta	→
Mãe d'água (Folcl.)	→
Pronunciar texto escrito	→
Medida agrária	↓
Filamento do neurônio (Anat.)	→
Levanta, ergue	↓
Ser fabuloso, com cauda de serpente, garras e asas	↓
(?) Guimarães, atriz e humorista brasileira	
(?) Herrera, atriz mexicana	→
Porta, em inglês	↓
Inculto (abrev.)	↓
Registro escrito de um processo jurídico	↓
Erva brasileira considerada venenosa	↓
Crença religiosa	
Padre	→
Loucamente apaixonado, desvairado (fig.)	
Saco para coar café	→

23

SUDOKU

O objetivo do jogo é completar os quadrados em branco com números de 1 a 9, lembrando que nunca deve-se repetir os números nas linhas e colunas.
A mesma regra vale para as grades menores que precisam ser completadas, sem repetição.

			1		8			
	5	2				3	7	
	9			2			8	
3			8		1			2
		5				6		
7			5		6			4
	1			8			4	
	8	3				9	2	
			3		5			

4								8
	7		5	4	1		2	
		6		9		1		
			6	5	3			
5								9
			8	1	9			
		3		7		4		
	8		1	6	5		3	
1								7

Diretas

Habitante da Tcheco-slováquia ↓		↓	Lhe + o	Organismo unicelular hipotético, semelhante à ameba ↓	Aquela que gosta de bailar ↓		Rosamaria Murtinho, atriz brasileira ↓
Soldar com chumbo →				↓			
			Tipo de cerveja na Alemanha		Tesouro público		
→ Sílaba de chorar		Elo circular, aro →	↓		↓		A flor da roseira
Aumentar a velocidade ↓		Tornar furioso ↓					↓
Gravado, sobrecarregado →							
Sílaba de plumagem ↓			Deus da guerra (Mit. grega) →				
			Sem acento tônico (Gram.)	Vogais de filiar →			
				A moeda dos EUA			
Aquele que discursa em público →			↓	↓			Pão de farinha de milho
Proibição, suspensão →							↓
Para mais adiante					Tipo sanguíneo →		
Lugar onde decorre a ação de uma peça teatral →					↓	Arco pequeno	
Grande onda de maré alta, com ruído estrondoso → ↓							

25

Diretas

Cores das camisas dos jogadores da seleção australiana de futebol	(?) Johnson: atuou em Duas Caras	↓	Cereal básico ao risoto	Hortaliça apreciada em sopas	(?) da Independência, unidade do Exército que faz a guarda do Presidente
Sucesso de Zeca Pagodinho →	↓	↓		↓	↓
↓ O "reino" do galo			Sílaba de "pantano"		
O maior do mundo é o Amazonas →	Nenhuma das Respostas Anteriores		Raiz que é a fonte da farinha de mesa		↑ Construtor da Arca (bíbl.)
Caneta, em inglês ↓	↓	Tamanho de roupa (sigla)		Pinta redonda	
		↓		↓	◀ Desacompanhado
O menor Estado do Brasil		Serve de modelo →			
Autores (abrev.) →	Vende a crédito →	Interrupção de			
Alimento do gado no pasto	Saltar, rolar			Barrete alto usado pelo Papa	Quadro com avisos em escolas
↓	↓		Pino de tomada	↓	↓
Bebida alcoólica comum no Caribe →			A maioria (italiano)	↓	
Terreno lavrado e cultivado		Ambiente onde começa a educação →			
		Vogais de "vou"			
País que colonizou o Brasil ↓		↓			

26

Diretas

Ato de comprimir manualmente a teta de um animal para extrair o leite		Jovem, em inglês	Versão, em inglês		(?) Staub, atriz na série "Jonas" (TV)		Fileira, renque
			Consoantes de doca				
Agência que fiscaliza atividades do setor petrolífero (sigla)		A parte carnosa dos frutos					
			Desumano, insensível		Aflição, angústia		
			Magro, em inglês				
Ronald (?), humorista brasileiro							Mistura de areia e de matérias orgânicas no fundo do rio
Alargamento, dilatação	(?) Brizola, político						
	Certo jogo de cartas						
(?) McKellen, ator no filme "O Código Da Vinci"			Prato feito à base de farinha de milho branco		Estar apaixonado (gír.)		
Construção em arco, cúpula	Habitação indígena brasileira (pl.)	Sua capital é Salvador (sigla)	Tipo sanguíneo				
							Patrão, senhor
Sufixo de pelica			Borda do chapéu				
Aguardente (gír.)							
		(?) Sandler, ator americano					
Figura lendária o Judeu Errante (Rel.)							

Diretas

Adorno, enfeite		Extraterrestre (abrev.)	Incerta, indecisa	Resfriar, congelar	Hans (?), pintor e poeta alemão	Um dos Grandes Lagos da América do Norte	
Lentamente, sem pressa							
				(?) Johnson, ator			
				Espécie de sofá largo			
		Pancada, ferimento					
A filha do filho		Mallu (?), cantora					
						Achatado, espalmado	(?) Angeles centro do entretenimento nos EUA
Faz remate de pontos (costura)			Exame (?): prova feita de viva voz				
Filho de Iemanjá, orixá poderoso (Folcl.)					Porção mínima de um líquido		
Arma branca, curta, de dois gumes (pl.)							
Ator de fama, no teatro, TV ou na cinematografia							
Conjunto de técnicas de massagem terapêutica, de origem japonesa			Laços apertados				Aplicação, emprego (pl.)
			A parte colorida do olho				
Estrela, em inglês							
				O medicamento mais conhecido no mundo			
Soberanos, monarcas					A primeira nota musical		
Que tem ossos muito salientes (pl.)							

Respostas

04

8	4	3	6	9	5	7	1	2
7	5	2	3	1	4	8	9	6
9	1	6	2	7	8	3	4	5
1	6	5	4	8	7	9	2	3
2	7	8	9	3	6	1	5	4
3	9	4	5	2	1	6	7	8
6	2	9	7	5	3	4	8	1
4	8	7	1	6	2	5	3	9
5	3	1	8	4	9	2	6	7

8	7	1	6	2	3	5	9	4
4	6	3	5	7	9	1	8	2
5	9	2	8	1	4	7	3	6
6	2	4	7	3	5	9	1	8
9	1	5	4	6	8	2	7	3
7	3	8	1	9	2	4	6	5
1	8	9	2	4	6	3	5	7
2	5	7	3	8	1	6	4	9
3	4	6	9	5	7	8	2	1

05

	G			C		D		
	R	I	C	H	T	E	R	
	O		T	E	R	C	A	
N	U	T		C		E	D	
	P	I	C	K	U	P		
	R	O	U	B	A	R		
D	I	O	S	P	I	R	O	
	N	U	A		R		A	
	S				A	I	D	
F	A	B	I	O		J	R	
	N	O	A			A	I	L
S	O	N		A	R	A	O	
	S	E	N	Z	A	L	A	

06

	M		V		A		
	A	L	D	E	I	D	O
	G		I	N	O	V	A
S	O	M		E		E	B
	S	A	G	R	A	R	
		D	O	E	N	T	E
H	E	R	B	A	C	E	A
X	I	I		E	S		
C				S	B	T	
R	E	G	E	N	T	E	
	D	E	L		R	A	D
T	E	N		N	A	T	O
	R	E	G	U	L	A	R

07

				T		M		
M	A	D	R	U	G	A	R	
	L	E	O	A		R	U	
	L		B	R	A	G	A	
	A	O		E	C	A		
I	N	S	E	G	U	R	O	
	C	R			L	E	D	
	C	A	R	P	E	T	E	
A	R	R	O	I	O			
	I		N	N		S	S	
F	A	L	E	I		A	S	
	D	I	A	C	O	N	O	
	A	I		O	R	A	L	

Respostas

08

6	1	9	5	9				5	5	5	9	5
6	7	9	6	3				5	3	9	7	5
9	6	3	0	9	3	5	2	6	0		1	9
7	7		2	1				7	3	1	0	1
8	5	4	0	0				8	5	0	9	2
		3								3		
		3								4		
		9								5		
9	6	6	3	2				1	8	9	9	3
1	5	9	4	6				3	1		5	0
1	7		8	4	0	7	7	6	7	5	9	9
7	1	2	9	4				8	6	0	0	5
2	9	5	7	7				7	8	9	0	5

09

	C						C	
W	O	R	K	S	H	O	P	
	N	E	G	A		R	A	
	S	A	B	U	G	A	R	
	T	I		D	E	L	A	
P	A	S	C	A	L		D	
		A	D	A	G	A		
	P	E	L	O	T	A	S	
B	O	X		R	I	L		
N	A	U		N	A	T		
C	L		T	O	N	I		
K	H	A	N		S	T	A	
	E	M	O	C	O	E	S	

10

9	1	4	7	2	5	8	3	6
2	6	7	8	9	3	4	5	1
5	8	3	1	4	6	2	9	7
7	4	2	9	1	8	5	6	3
6	3	8	5	7	2	9	1	4
1	9	5	3	6	4	7	8	2
3	2	9	6	8	7	1	4	5
8	7	6	4	5	1	3	2	9
4	5	1	2	3	9	6	7	8

6	1	9	7	3	2	8	5	4
3	4	5	8	9	6	2	1	7
2	7	8	1	4	5	9	3	6
8	2	7	9	6	1	5	4	3
4	5	3	2	7	8	1	6	9
9	6	1	3	5	4	7	8	2
7	8	6	4	1	9	3	2	5
5	9	2	6	8	3	4	7	1
1	3	4	5	2	7	6	9	8

11

	T			O	C			
C	A	P	C	I	O	S	O	
	L	A		D	N		L	
T	E	N		E	D		O	
	N	O	R	T	E	A	R	
	T		A		S	G		
L	O	S			S	I	M	
	S	E	N	Z	A	L	A	
M	O	L	D	E			R	
		G		B	A	S	E	
M	A	N		R		A	C	
	V	I	D	A		U	H	
	I		A		A	V	A	
	S	E	N	S	U	A	L	

Respostas

12

	A					C
G	R	I	N	A	L	D	A	
	A	T	E	L	I	E	R
	F		T	A	R	S	O
F	A	C		N	I	T	
	T	A	B		O	R	C
		M	O	L		O	H
	M	I	L	I	C	I	A
	E	S	O	P	O		R
A	D	I	R		P	A	M
	I	N		T	I	D	O
	C	H	A		A	A	S
	I	A	T	I	S	M	O

13

	F			A				
	R	O	M	A	R	I	O	
F	A	R	M	A	C	I	A	S
O	N	A	C		O			S
	C	L		C		M	I	
	I		N	O	Z	E	S	
	S	E	R	R	O	T		
	C	U		A	O	R		
C	O	R		L		O	E	
	C	O	A		C	S	N	
	U		B	R	O		O	
	O	V	O		R	C		
	C	O	L	M	E	I	A	
P	O	L	I	T	I	C	A	

14

	T				F	
T	A	L	I	S	M	A	S
	B	E	M	T	E	V	I
	E	A		A	T	O	N
	R		N	I		C
E	N	C	A	D	E	A	R
	A	R	M	A	R	I	O
		A	A	R		R	N
C	S	N		D	A	L	I
	E	I	S		G	I	Z
	L	A	T	R	I	N	A
S	I	N	A		T	E	D
	C	A	R	D	O	S	O

15

		O		A		A		
C	A	R	A	M	U	J	O	
	T	O	C	O		U	C	
	O		A	N	O	D	O	
	N	B		I	C	A		
B	O	A	S	A	U	D	E	
		B	E		L	O	A	
	J	A	C	K	A	S	S	
T	E	R	R	O	R		T	
	J		E	B		R	W	
S	U	S	T	O		O	O	
A	B	O	L	I	D	O		
R	T		D	I	A	D		

31

Respostas

16

8	8	7	5	1			
9	2	5	9	9			
2	3	4	4	3	8	1	5
5	7	6	6	1			0
2	3	1	6	1	1		0
	0			6	6	5	7	8
	6				5	2	4	2	0
					1	7	7	1
	7				5	6	1	9	6
	4			5	1	4	6	7	9
4	0	6	4	7	3		4
5	1	5	0	7			0
3	6	7	0	0	8	8	2
8	1	9	4	1
2	4	0	1	9

17

	C	E			M		
	H	U	M	A	N	A	S
D	O	R		R		R	M
	F		A	C	R	A	
B	R	I	L	H	A	V	A
	E	S	T	E	R	I	L
		A		R	E	L	E
I	A	B			A	H	A
	D	E	B	O	R	A	
	E	L	A	S		S	R
	L		L	A	B		U
	I	R	A	C	E	M	A
C	A	C	O	A	D	A	S

18

		J			F		
	B	A	F	O	R	A	R
R	E	C	O	R	E	C	O
	N	A	N		G	E	L
	E		E	B	R	I	O
E	F	E	T	U	A	R	
B	I	L	I	S		I	P
	C		C	H	O	C	A
	I	C	A		P	E	S
	A	R		M	O		S
C	R	O	N	I	S	T	A
	I	S	E	N	T	A	R
	L	O	S	T		A	L	O

19

	A			A			
	R	I	S	A	D	A	S
	G		A	N	U	A	L
T	E	A		A	B	R	A
I	N	H	A	C	A		T
T	A		O	D	R	E	
		A	N	O			R
S	P	E	E	D		B	
	E		D	A	D	O	S
	R	E	O		A	G	A
	E	C		A	L	A	B
	N	O	S		A	R	I
	E	S	C	R	I	T	O

32

Respostas

20

	A				M	
A	G	U	I	L	H	A	O
	I	T	I	E		O	L
	L	A		A	L	F	A
I	D			R	E	U	S
	O	V	A		N	R	
	R	A	D	I	C	A	L
O	I	R		M	O	D	E
	B	I	C	A		A	P
	E	G	I	N	A		R
	I		U	T	E	R	O
C	R	O	M	A	D	A	S
	O	N	E	R	O	S	O

21

1	9	8	2	4	5	3	7	6
2	3	4	6	7	1	8	9	5
6	5	7	3	8	9	1	2	4
3	6	1	4	9	7	5	8	2
4	2	9	8	5	3	6	1	7
7	8	5	1	6	2	4	3	9
5	4	3	7	2	8	9	6	1
8	7	6	9	1	4	2	5	3
9	1	2	5	3	6	7	4	8

4	1	6	5	2	7	8	3	9
7	5	8	3	4	9	1	6	2
9	2	3	6	8	1	4	5	7
5	8	2	1	9	3	6	7	4
1	6	4	7	5	2	9	8	3
3	9	7	4	6	8	5	2	1
6	3	1	8	7	4	2	9	5
8	4	9	2	3	5	7	1	6
2	7	5	9	1	6	3	4	8

22

	C		B		T		
	A	B	O	L	I	R	
	B	A	B	A	D	O	R
B	A	R	I	T	O	N	O
	L	A	T		O	D	
G	A	T	O	N	A		A
	E		O	C	A	R	
	C	A	N	I	O	N	
C	A	R	O	T	I	D	A
	N		V	E	T	O	R
O	C	R	E		A	R	T
	H	E		O	D	R	E
	A	L	A	G	O	A	S

23

	B				F		B
N	E	F		S	O	P	A
	L	I	S	T	R	A	S
B	I	G	A		M	S	T
	C	U	R	I	O	S	A
I	A	R	A		L	E	R
		I		A		A	D
D	E	N	D	R	I	T	O
	L	O	R	E	N	A	
F	E		A		G		D
	V	I	G	A	R	I	O
F	A	N	A	T	I	C	O
		C	O	A	D	O	R

Respostas

24

4	3	7	1	5	8	2	6	9
8	5	2	4	6	9	3	7	1
6	9	1	7	2	3	4	8	5
3	6	9	8	4	1	7	5	2
1	4	5	9	7	2	6	3	8
7	2	8	5	3	6	1	9	4
9	1	6	2	8	7	5	4	3
5	8	3	6	1	4	9	2	7
2	7	4	3	9	5	8	1	6

4	1	5	2	3	6	7	9	8
8	7	9	5	4	1	6	2	3
2	3	6	7	9	8	1	4	5
9	2	1	6	5	3	8	7	4
5	6	8	4	2	7	3	1	9
3	4	7	8	1	9	2	5	6
6	5	3	9	7	2	4	8	1
7	8	4	1	6	5	9	3	2
1	9	2	3	8	4	5	6	7

25

	T	L				B		
	C	H	U	M	B	A	R	
C	H	O			O		I	M
	E		A	N	E	L		
A	C	E	L	E	R	A	R	
	O	N	E	R	A	D	O	
	S	F		A	R	E	S	
P	L	U			I	I	A	
	O	R	A	D	O	R		
	V	E	T	O		A	B	
	A	C	O	L	A		R	
	C	E	N	A	R	I	O	
P	O	R	O	R	O	C	A	

26

		A							
	V	E	R	D	A	D	E		
T	E	R	R	E	I	R	O		
	R	I	O		P	A	N		
	D		Z		O	G			
P	E	N		A		O	S		
S	E	R	G	I	P	E			
	A	A		P	O	S	A		
	M		F	I	A				
C	A	P	I	M		T	M		
	R	U	M		P	I	U		
	E	L		L	A	R	A		
	L	A	V	O	U	R	A		
P	O	R	T	U	G	A	L		

27

	Y			V		C		
	O	R	D	E	N	H	A	
	U		C	R	U	E	L	
A	N	P		S		L	A	
	G	O	L	I	A	S		
		L	E	O	N	E	L	
E	X	P	A	N	S	A	O	
	I	A	N		I		D	
	M			E	B	O		
A	B	O	B	A	D	A		
		I	C	A		A	B	A
U	C	A		A	D	A	M	
	A	S	S	U	E	R	O	

28

	A						E	
	D	E	V	A	G	A	R	
N	E	T	A		E	R	I	
	R		G	O	L	P	E	
R	E	M	A	T	A			
	C	A		O	R	A	L	
	O	G	U	M		M	O	
		A	D	A	G	A	S	
	A	L		N	O	S		
	S	H	I	A	T	S	U	
S	T	A	R		A	A	S	
	R	E	I	S		D	O	
	O	S	S	U	D	O	S	